•장밋빛 미래(제127시집)
•민족 격변기(제128시집)
•미래가 성큼(제129시집)
•인류의 고통(제130시집)
•민족 긴 상념(제131시집)
•민족의 격랑(제132시집)
•우주의 문턱(제133시집)
•새 역사 창조(제134시집)
•동방의 번영(제135시집)
•세계 중심축(제136시집)
•설레는 한국(제137시집)
•현기증 시대(제138시집)
•신비한 환상(제139시집)
•선천의 종말(제140시집)
•깨끗한 사회(제141시집)
•민족의 아픔(제142시집)
•행복한 세상(제143시집)
•지구촌 인류(제144시집)
•영원한 태양(제145시집)
•괜찮은 한국(제146시집)
•화려한 등장(제147시집)
•유쾌한 세상(제148시집)
•축복된 시대(제149시집)
•인류의 미래(제150시집)
•미래의 개척(제151시집)
•자유의 욕구(제152시집)
•지구촌 공유(제153시집)
•우주의 시대(제154시집)
•미래의 리더(제155시집)
•숙명적 미래(제156시집)
•전략적 희망(제157시집)
•공존의 깃발(제158시집)
•지구촌 환경(제159시집)
•향연의 미래(제160시집)
•잔인한 계절(제161시집)
•민족의 미래(제162시집)
•화려한 미래(제163시집)
•미지의 우주(제164시집)
•동방의 낙원(제165시집)
•총체적 위기(제166시집)
•행복한 미래(제167시집)
•중심 플랫폼(제168시집)
•평등한 세상(제169시집)
•신바람 시대(제170시집)
•새 희망 창출(제171시집)
•인간의 오만(제172시집)
•고장 난 국가(제173시집)
•따뜻한 사회(제174시집)
•공존 리더십(제175시집)
•분노의 정치(제176시집)
•생명의 원천(제177시집)
•한 가닥 희망(제178시집)
•멋스런 우주(제179시
•탁 트인 미래(제180시
•한민족 미래(제181시
•배달의 민족(제182시
•신명난 사회(제183시
•감동의 시대(제184시집)
•풀뿌리 민족(제185시집)
•달콤한 자유(제186시집)
•쪼개진 사회(제187시집)
•꿈같은 미래(제188시집)
•민족의 희망(제189시집)
•호국의 불꽃(제190시집)
•놀라운 기적(제191시집)
•태극의 문양(제192시집)
•독선적 잣대(제193시집)
•세계적 화합(제194시집)
•자연의 선물(제195시집)
•공평한 세상(제196시집)
•미래 바닷길(제197시집)
•냉랭한 세상(제198시집)
•따뜻한 화합(제199시집)
•망각의 세월(제200시집)
•인간과 자연(제201시집)
•멋진 지구촌(제202시집)
•혼돈의 세상(제203시집)
•새로운 희망(제204시집)
•인류의 희망(제205시집)
•평등과 박애(제206시집)
•우주의 공간(제207시집)
•멋스런 세상(제208시집)
•미래 선구자(제209시집)
•낭만의 민족(제210시집)
•색다른 세상(제211시집)
•배달족 미래(제212시집)
•행복한 사회(제213시집)
•지구촌 광풍(제214시집)
•선조들 지혜(제215시집)
•환상의 미래(제216시집)
•동방족 미래(제217시집)
•천고의 비밀(제218시집)
•불사조 나래(제219시집)
•여명의 깃발(제220시집)
•태고의 신비(제221시집)
•천년의 침묵(제222시집)
•찬란한 태양(제223시집)

저녁 바다

채 수 황 시집

다래헌

■ 세계 시단

•World Poetry(세계 70개국 소개)

•Jalons(프랑스 《잘농지》가 선정 발표)

The Evening Sea

Darkness takes, away
as if by a net, the blueness of
horizon which has been all
day long melted by itself.

Darkness has thrown
its blanket of blueness over
a crabby temper so
distractedly leaping by itself,

and then,
at last breaks off the wave's wing joints
with a crack only to throw away distantly.

The black sand whose build is much broader
  then the sea
captures the evening sea in his hand
but it is flopping
in order to be free
when he removes its fishy scales.

The Portrait of the Wind

By the wind's facetiousness invisibly dashing as swift as an arrow is the mid-summer's waist broken, which one can be aware of just by seeing
the leaves' crouching with fright.

Even without its limbs, often
runs it on the pavement, which one
can be aware of just by seeing a swell of the lady's skirt.

Your kick, among others, can one by aware
of just by seeing your
magic making brilliant the black hair of
my wife who stands beside
me, smiling just quietly at me.

The wind is
a dandy who came as a love
hung on a lady's skirt
and then leaves off with an emptiness of his mind.

The soul of Baek-je

Climbing to the Wung-jin
castle, an ancient capital
of Baek-jee, see I only
the ruins of its fortress site,

The Bi-dan River meandering there, with
no word, past by the Gom ferry.

At the foot of the collapsed Sa-bi castle
is the Baek-ma river flowing,
the three thousand maids of honour
once fallen from the cliff, the Nak-hwa rock, seen no
  more,

just anew felt to me is the Gu-du-re
filled with King Ui-ja's deep grudge.

At the ferry to the Hwang-san
plain is General Gye-baek's soul still wriggling
and at the creek once dyed with

Career(약력)

Born in Chung-nam in 1938
Debuted as poet by Monthly Mun-ye-sa-jo in 1993
Books: Poetry: The Evening Sea(1995)
Essay: The Road from Which Even the Sun Moves:
A Drumbeat
Membership: Members of the Association of Korean Free Poets and Modem Korean Essayist Association: President of Dae-jeon Chapter of the Association of Korean Free Poets: Director of the Board of the Ji-gu Poet Club: Member of the Association of Korean Museums: President of Su-Hwang Choe's Construction Office.
TEL (042)253-5678(South Korea)

차례

3 촛불

4 남대문 시장의 밤

5 어머니

6 시는 해골의 언어

7 봄의 축제

8 꽃길 백 리

9 함박눈

10 금강

11 고향 길

1

저녁 바다

저녁 바다

어두움은
하루 내내 풀어놓은
남빛 수평선을
그물처럼 거두어간다.

어두움은
그렇게도 팔딱이던
실성한 성깔을
쪽빛 이불로 덮치다가

끝내
성난 파도의 죽지를
우두둑 꺾어서 머얼리 던진다

바다보다 넓기만 한 흑사장은
비릿한 비늘을 벗기며
저녁 바다를
파다닥파다닥
손 안에 쥐어본다.

밀물과 썰물

지휘관의 깃발 아래
산처럼 일어서서
일사분란하게 달려오는 행동 동일
거대한 힘이다
아름다운 질서다

바다의 수많은 병력으로
백사장을 넘어서
암벽에 돌격하는
승리의 함성

끝내 전승군의 축배를
높이 든 만찬장은
환희로 넘실댄다

해안선의 평정이 끝난 시간
모든 장비를 챙기고
회군을 서둘대는가

평화의 깃발을
해안선에 꽂아놓고
얼싸안은 채 이별을 나눈다

뒤를 돌아보며

쓸쓸함을 남겨둔 채
머얼리서 손짓하며
매섭게 떠나가 버린다.

갯벌

바닷가 서해안
살아있는 갯벌에
게들이 사는 영토
갈매기가 먹이를 수확하는
터전이다

태양이 내려와
씨를 뿌리고
바람이 경작하는 곳

밀물과 썰물이 오가며
물을 주고 가꾸는 비옥한
농장이다

넓고 큰 갯벌에는
서로가 목숨 걸고
소금밭 땀 흘리며 일하는 곳

자연은 태양과 바람과 함께
끝없이 세월을 경작하고 있다.

황혼의 바다

황혼의 노을 속에
갈매기 몇 마리가
어두움을 펴고 지나간다

수평선 너머로
태양이 숨어가고
붉은 장막 내리며
바다는 부산하기만 하다

노을은 바다를 물들이고
내 마음도 물들이어
황홀함이 넘치는데

바다 속에서는
수많은 어족들이
잠자리를 마련하기 위하여
분주하겠지.

조약돌

바닷가에 하얀 조약돌
쓸쓸한 세월의 지문들이
눈부시다

거친 바다 물톱들이
쓸고 지나가고
겨울 찬바람들이
갈고 지나간다

파도의 톱질 소리와
바람의 맷돌 소리에
귀를 쪼아린다

묵묵히
견디는 하얀 조약돌
태양의 각문이
쓸쓸하기만 하다.

흐르는 한강

영겁의 세월 두고
흐르는 한강은
육지를 잉태하고
바다를 순산한다

수많은 사연들을
가슴에 안은 채
묵묵히 흐르고만 있다

신라 백제 고구려가
맞부딪쳤던 강변
지금은 강바람으로
잠재우고

노론 소론
사색당쟁
피비린 역사
조선조 5백년의 한이
서린 곳

한때는 일장기도 지나갔고
지금은 태극의 깃발이
그때의 참상을 물비린내로
조용히 풍겨주고 있다

밤 사이에 일어선
한강의 기적
조용히 흐르고만 있다.

해운대 해변

푸른 바다 물 떼가
큰 날개를 활짝 펴고
산처럼 몰려온다

먼 길 힘겨워
헐떡이는 해변
하얀 파도가 노을 속에
허기진 수포로 부서진다

수평선에 붉은 태양
바다를 물들인
황혼의 옷자락으로
해운대를 싸 안는다

낮과 밤 사이를 잇는
외로운 기러기
어둠 속에 빛나는 내일의 노을을
캐내고 있다.

우금치의 함성

바람이 몹시 불던 날
우금치 언덕은 큰 함성으로
하늘을 울렸다

백 년이 지난 세월
역사의 흔적으로 초라한 위령탑만이
길 가에 서 있는데

죽창 든 농민 동학군
우금치 격전에서
최후의 흘린 피가
지금은 녹두꽃으로 피고 있다

흘러간 세월 속에
한 맺힌 슬픈 영혼들
우금치 허공에서
바람에 휘날리고
녹두꽃으로 지는구나.

※우금치: 공주시 이인면 소재. 동학 농민군 최후 격전지.

황산의 피

황산 나루터에 봄은 오고
백제의 한많은 넋은
물 속에 어린다

장렬한 계백의 혼이
흙 속에 묻힌 곳
피로 물든 황산벌에
새싹이 돋아난다

빛나던 백제는
칼날에 베이고
옛날의 그 영화는 어디로 갔는지

하늘과 강물은
지금도 여전하고
황산에 뿌려진 피
노을빛으로 타는데
봄 제비는 옛날의 흙을
물어 나르고 있다.

2

바람의 초상

바람의 초상

얼굴도 없이 쏜살같이 달려드는
바람의 익살에
한여름의 허리가 꺾이는 것은
나뭇잎의 자지러짐을
보고서야 안다

때로는 다리도 없이
인도를 달리는 것은
우쭐대는 옷자락을 보고서야 안다

무엇보다 너의 멋스러움은
내 옆에서 웃는
여인의 까만 머리카락을
눈부시게 하는
요술을 보고서야 안다

바람은
옷자락에 매달리는
사랑으로 왔다가
빈 마음으로 떠나는
멋쟁이다.

허공

텅 빈 하늘 아래
아지랑이 아른거리고
스쳐가는 바람결이
산울림으로 메아리친다

잡을 수 없는 세월
사라지는 순간들
이 세상 모든 것이
허공으로 사라지고

남아있는 날들이
너무도 소중하여
값지게 살고픈데
물소리처럼 마음만 바쁘다

각박한 세월의 치차 속에
물려서 돌아가는 내 육신도
끝내는 떠도는 안개처럼
허공으로 떠나려는지.

모두 어디로 흐르는가

살고 있는 동안에
참되게 살아보려고
마음속에 다지며
살아가고 있다

먼 하늘에
고고한 별처럼
영원히 반짝이며
살아가고 싶고

내 마음속에
밤하늘의 달처럼
평화로 떠올려 조용히
살고 싶다

세월은 구름처럼 흐르고
우리들은 그 안에 있으니
모두 어디로 흐르는가.

구름

흘러가는 구름이 뒤돌아보는 손짓에
달려가 보니
흩어지다 합치고 또
흘러만 간다

어느 심상으로
자꾸만 바뀌면서
순간순간이 영원으로
흐르고 있구나

네 몸 바뀌듯
내 마음도 새롭고
세상이 변하는데

모두들 망각과 착각 속에 살면서
미처 깨닫지 못하고
수시로 불평만 하는
내 마음이 부끄러워

소슬한 산정에서
말없이 흘러가는 구름을 바라보며
내 영혼의 안식처를 새롭게 닦아본다.

무지개

태양이 흘린 머플러
산 너머 옹달샘에 젖었다

선녀들이 맨발로
지구에 내리는 길

너와 나의 사랑의 다리
그리움의 통로다

태양이 주는 선물
지나친 사치품이다

아름다운 오작교
오색의 다리이다.

소나기

잿빛 구름이
하늘 가득히 몰려와
천둥 번갯불에 쫓기어
소나기로 쏟아진다

지붕 추녀 장단에
참새가 모여들고
어미 닭과 병아리들이
이리 뛰고 저리 뛴다

텃밭의 배춧잎에
빗방울이 두드리고
아내는 버선발로
장독대로 뛰어간다

앞마당은 삽시간에
물바다가 되고
모두가 한바탕 어우러져
소란하다

정신없이 뛰는 사이
먹구름 사이로
붉은 해가 빙그레 웃는다.

바람

바람이 지나간다
나뭇가지 사이로
잎과 가지 흔들며
그림자처럼 지나간다

때로는 미풍으로
때로는 강풍으로
얼굴을 스쳐 무심히 지나는데

한 번 지나간 바람은
다시 오지 않지만
나무의 나이테는 늘어만 가는구나

이대로 나이테가 늘어만 간다면
고목으로 될 날도 그리 멀지 않겠지

바람이 지나간다
나이테를 감으면서
역사의 흔적을 기록하고
그림자로 지나간다.

허수아비

높푸른 하늘과
황금물결 사이에
초라한 허수아비의
옷자락을 펄럭이는
바람이 분다

농부가 지나가며
워이워이 소리쳐도
묵묵히 홀로 서서
빙긋이 웃고만 있다

가을 하늘에
참새 떼 몰려와도
히죽히죽 웃고만 있다

벼 거둔 들판에
찬바람 불고 눈이 쌓여도
말없이 외롭게 서 있다.

탑골 공원

비 개인 정오
봄볕이 잠자리 날개로 내려앉고
꽃들이 웃어쌓는데
십층탑은 말이 없다

황혼의 노인네들
쓸쓸히 앉아서
하루의 햇살을
기일게 당기고 있다

입담이 센 늙은 논객
시국 타령으로 침이 튀는데
탑 꼭대기를 건드린 바람 한 점
낡은 얼굴들을 그을린다

청동 비둘기 정겨운 구수 회담
삼일운동 만세 소리로 날아가고
목을 뺀 하루해가
지루하기만 하다.

3

촛불

촛불

평생토록
어두움을 불사른 너의 혼은
나의 기도로서 다시 소생한다

이웃을 밝히는 구도
머리 숙여 강물로 흐르다가

바람이 몰아쳐 와
무릎을 꿇는 날
너는 비로소 눈을 감으리라.

살아온 흔적

이 세상에 태어나서
살아가는 동안에
만나고 헤어지며
울고 웃고 하다가

겹겹이 쌓인 추억
때로는 잊고 때로는 기억하며
살아온 지난 세월
반백이 넘었구나

지난날을 더듬어
올올이 헤어보니
아쉬움에 눈앞이 가려오고

남아있는 세월이
너무나도 소중하여
열심히 살고 싶은데
무엇 하나 이룬 게 없이
마음만 바쁘구나.

산다는 것은

숨소리
헐떡이는 세상에서
산다는 것은
살얼음판 위를 걷는 것

어린
시절은 철없이 지나고
젊은 시절은 배움 길 덕분에
어려웠던 것

잘 살려 바둥대며
이렇게 산다는 것은
고통에서 외롭게 피는
핏빛 꽃송이구나

한사코
숨 쉬며 산다는 것은
광명을 찾아서
암벽을 뚫는 일이다.

비석

설득과 웅변이 끝나버린
쓸쓸한 역사의 탄피다

비 눈 바람 천둥의 초상으로
일어선 지난 흔적들

세월의 지문에
마모되는 시간
언제쯤 허무로 돌아갈 것인가

숱한 업적들이 빛을 잃은 채
지하에 가라앉아버리고
문자로만 남아있구나.

얼룩진 인생

삶의 언덕 너머에서
길고도 긴 나날을
암흑의 늪 속에서
방황하고 있구나

냉혹한 세상에서
떠돌이 인생이 되어
쓸쓸히 살아가는데

허무한 삶 속에서
지난 슬픈 날들을
마음속에 그리며 살아가고

인생의 황혼길을
초라한 모습으로
사람 물결 헤집으며
오늘도 걸어가고 있다.

아쉬운 인생

세월이 거울 속에 내려와
나를 당황케 한다

창밖의 어린이 놀이터에선
내가 뛰고 있다

먼 하늘의 별처럼
반짝이는 추억을
하나씩 주워 담던 그때가
선명하게 다가와

다시 그려보고
철없는 지나간 나날이
아쉽기만 한 순간들

인연 따라 오가던
내 삶이 아쉬움만 남긴 채
쏜살로 순간들이 흘러간다.

쪽박 인생

모두 잘 사는 삶은
권력에는 부가 따라오고
부가 되면 권력도 붙는 세상은
이제 그만 사라져야 한다

권력을 가지면
부정한 부를 외면하고
부를 가지면
부끄러운 권력을 사양하는
밝은 세상이 와야 한다

권력과 부를 두 손에 쥐고
나라를 등에 업고 막강한 힘으로
세상을 들이마신다면
쪽박을 깨는 인생이 된다

공자는 일찍 우리들에게
아름다운 중용사상을 주어서
쪽박을 깨지 않는 지혜를 주었다.

내일의 꿈

벽으로 막힌 공간
얼굴 비치는 창문에
내 모습만 보면서 살고 있다

작은 공간
천정만 바라보며
고요한 방 안에서
오늘도 누워 있고

하늘만 보이는 곳
조그마한 유리창 속
그 속에서 살고 있다

깊고 깊은 어둠 속
칠흑 같은 방 안에서
때가 올 것을 기다리며
내일의 꿈을 조각하면서
오늘도 살고 있구나.

슬픈 소

순진한 진실 하나로
평생을 봉사하고
좋은 일만 하는데

무슨 업보로
큰 눈을 껌벅이며
평생 끌려다니고
노예로만 사는가

밤낮없이 매어 살면서
늙고 힘 빠지면
도살장에 끌려가
눈물로 죽어야 하나

다시 태어나거든
많은 덕 쌓았으니
천사로 태어나 멋지게
살아 보렴.

4

남대문시장의 밤

남대문시장의 밤

남산 전망대 피뢰침에
황혼이 찢기는 시간이 되면
시장 호객의 목소리는
중금속처럼 땅에 깔리는데
상인들의 이마에 묻은
노을빛이 번득일 때

하나 둘
전깃불이 별빛으로 내려앉는다

손님들이 하루 내 출렁이던
밀물이 꺾일 무렵
옷더미 위에 우뚝 서서
마지막 손나팔 부는 상인들의
두 손에 묻은 달빛이 눈부시다

썰물로 빠져나가는
손님들의 등 뒤에서
산처럼 짐을 싸는 상인들의
온 몸에 묻은 어둠이
하나 둘 전깃불을 끄는 적막 속에
내일의 꿈으로 잠재운다.

푸른 새벽

어두움이 깔린 공간이
새벽안개를 체질하고
동쪽 산 위에선
먼동이 튼다

하늘과 땅 사이
짙은 안개 사이로
붉은 해가
낮달을 토해 낸다

허공을 맴도는
하얀 물안개가
풀잎에 이슬로 내려
영롱하게 빛나고

붉은 햇살은
하늘에 가득한 검은 안개를
바쁘게 거두고 있다.

새벽을 기다린다

범람했던
칠흑 같은 지난날들을
한데 모아
조용히 새벽을 기다린다

지난 세월 속에
한아름 부푼 꿈들이
모두 다 돌아와
새벽의 길목에 모였다

내일의 새로운 발돋움으로
알찬 미래의 꿈을 키우며
살아가고 있다

너무나 어둡고 쓰라린
캄캄한 밤이었기에
이제 미래의 길을 비춰 줄
태양이 새롭게 떠오르기를
오늘도 기다린다.

설날 아침

아침의 둥근 해가
눈 덮인 산 위에서
소나무 가지 위에로
붉게 떠오른다

뒷동산에 까치 소리
숲속의 참새 소리
물안개 닦아내며
허공을 청소하는가

하얀 눈 덮인 들녘
보리밭 이랑에
까투리 한 쌍이
한 폭의 그림 같다

눈 덮인 설날 아침에
까치 소리 참새 소리 꿩 소리
영롱하게 울리는 내 마음
동심으로 설레인다.

정월 대보름

숨결 거치른 만삭
살포시 안아보는
저 큰 보름달

마을 앞
다리의 횃불 행렬에
밤은 대낮같이 밝고
액막이 다리를 밟아
한 해를 빌던 내 고향

어린
시절 쥐불놀이
달집에 불 지르고

싸움으로 헐떡이는 생각이
달빛 타고 내린다

새벽에 부럼 깨고
오곡밥과 산채 나물을
서로가 나눠 먹던
고향이 그립구나

은하수는
옛날 그대론데

세상은 달라져서
옛 정취 사라지고
각박한 고향 걱정을
정월 대보름날에
사위어본다.

사랑의 집

당신의 가슴속에
영원히 남아 있을
살기 좋고 아담한
사랑의 집을 설계하자

당신의 눈동자에
영롱하게 반짝이는
아름답고 조용한
사랑의 집을 짓자

어두운 밤이 오고
비가 오고 눈이 와도
정겹게 꽃피울
사랑의 집을 꾸미자

신나게 노래하며
오순도순 정다웁게
한평생을 살아갈
사랑의 집을 가꾸자.

반딧불 사랑

검은 하늘을 가르며
짝을 찾는 등불과
사뭇 눈을 비벼대는 손짓들

하늘 가득히
어두움을 밝히며
밤을 지샌다

먼 길을 단숨에 누비려는
끊기는 숨소리

가다가 힘이 들면
뒤도 돌아보며
쉬엄쉬엄 사랑으로
소곤소곤 밤을 샌다.

설악산

설악
산천이 푸르고 꽃들이 만발하니
하늘과 땅 사이에 내가 머물 곳이
여기구나

얼굴 스쳐가는 바람결이 신선하고
흐르는 산골 물이 생기가 돌기에

들고 있는 술병을
조금씩 비워가며
장엄한 설악산 능선 따라
하늘을 바라보니
온 세상이 내 것 같구나

코발트 하늘에 묻은 흰 구름이
설악산 꼭대기를 건드릴 때
관광 인파에 쫓긴 산새들이
숲속에 처박히는데

나는
지금 무슨 생각을 하고 있는가.

천지개벽

비야 쏟아져라
천둥과 번개로 천하를 호령하며
네 마음껏 폭우로
펑펑 쏟아져라

산과 들의
공해도 씻어내고
샛강 큰 강들의 오염도
샅샅이 닦아내어
가재나 물고기를 살려내자

산과 들에
초목들이 우쭐대고
샛강 큰 강에
가재 물고기들이 숨 쉴 때까지
억수로 쏟아져라

하늘에 구멍이 뚫리고
천지가 개벽될 때까지
비야 네 마음껏 쏟아져라.

5

어머니

어머니 (1)

날씨가
몹시 추운
울적한 날에는
나도 모르게 서울역으로 달린다

차창 밖으로 보이는
스쳐가는 산과 들에
어머니의 모습이 어리고
웃는 듯 주름진 얼굴이 다가온다

나무 위의 서리 같은
어머니의 흰 머리카락이
내 가슴에 나부낄 뿐
눈앞이 흐려진다

달려온 고향 집
붙잡은 어머니의 두 손이
막대처럼 차가웁다

내 손목은 인대가 풀린 채
가슴이 미어지고
눈시울이 뜨거워서
나는 얼굴을 숙였다.

어머니 (2)

어머니가 그리워서
찾아가 바라보니
쇠약한 그 모습에 주름살만
가득했다

홀쭉해진 몸매에다
머리엔 서리가 하얗고
곱고 곱던 그 모습을
찾아볼 수가 없구나

어머니의 손이 그리워서
두 손을 꼭 잡으니
거칠어진 손매에
가죽만 남아

초라한 그 모습
너무나 애처로워
멍하니 바라보며
가슴으로 흐느낀다.

어머니 (3)

당신은 평생 동안
자식을 위해 몸 불사르던
나의 촛불이었습니다

당신의 밝은 빛이
내 몸과 마음을 비칠 때
그 고마움을
잘 모르고 살다가

당신의 고마운 불빛이
가물대는 요즈음
그 빛의 고마움을
조금은 알 것 같은데

어느덧 힘 없으니
흐릿한 빛이라도
오래오래 남아서
내 마음 속에 광명의 불빛이길

돌부처님 앞에

새벽의 어둠을 가르며
늙으신 어머니가 합장하고
돌부처님 앞에 다가가
촛불도 밝히고
향을 피우니
돌부처님이 웃는다

상처뿐인 지난날들
머리엔 서리 내리고
자비로운 눈동자에선
천년의 미소를 본다

풍상의 아픈 나날들
허공 멀리 날리고
가슴속 불심으로
빌고 또 비는데

오늘도 해가 뜨고
어두운 밤이 돌아와도
늙으신 어머니는
돌부처님 앞에 다가가
합장하고 기도한다.

고마우신 은혜

늙으신 어머니
부자유스런 몸 가누며
거룩한 부처님 앞에
촛불 켜고 향을 피워
지성으로 빌고 계시구나

언제나 자식을 위해서
두 손 합장하여
빌고 비는 그 마음
너무나 고마운데
소박하신 그 모습은
내 영원한 정신의 고향
그 크신 은혜를
내 평생에 어떻게 다 보답할까

나를 낳아준 은혜 하늘 같고
길러준 정 태산 같아
뼈 속 깊이 새기며
오늘도 살아가고 있다.

길고 긴 잠

여름날 밝은 아침에
조용한 표정으로
길고 긴 잠에 드신
아버지의 모습이 떠오른다

쇠약한 몸으로
어렵게 가누시며
마지막을 정리하시던
그 생각이 자꾸만 난다

평화로운 표정으로
미소 남기시고
먼 길을 사뿐히 떠나셨는데
지금은 잣나무 울창한 산에
잔디 곱게 덮인 무덤에서
길고 긴 잠을
주무시고 계시구나

오늘도 아버지의
그때 그 인자하심이
자꾸만 생각이 난다.

황천길

유리관 속 같은 들녘에
아지랑이 숨 막히고
낮 부엉이 소리
송장메뚜기 날개 소리
들바람 소리도 처량한데
저승 간 사람들은
보이지 않는구나

누구나 가야 할
머나먼 황천길을
살며시 가까이
바라보니

잡초만 무성한 무덤들이
인생의 허무함을
무언으로 토해내고 있다.

흑진주 인생

밤을 지새워 새벽이슬 속을
가냘픈 여인 하나
시장을 헤맨다

두 손에 묻은 달빛
밤안개 사이를
두 눈을 크게 뜨고
점포를 누비는데

얼룩진 인생
양 어깨에 봇짐 걸고
발걸음도 빠르게
별빛 속을 지난다

고달픈 인생
한 가닥 희망 속에
온 몸에 묻은 어둠
흑진주로 구른다.

묘비

숲속의 호수처럼 맑은
너의 영혼 앞에
나는 지금 초라한 모습으로
서 있다

샘물처럼 솟아나던 너의 인정과
사슴의 눈빛처럼 맑기만 하던
너의 성품이
모두 다 파랑새로 날아가버린 지금
너는 이렇게 흙속에 누워 있구나

응급실 병상에서
창백했던 너의 모습
가냘픈 너의 손에서
반지를 빼낼 적에
빙그레 미소 짓던 그 모습이
지금도 눈앞에 다가오는데

네 이름이 써 있는
묘비엔
슬픈 바람이 스쳐와서
나를 이렇게 슬프게 하고 있구나.

6

시는 해골의 언어

시는 해골의 언어

시는 해골의 언어인가
하얀 뼈만 추려놓고
즐거워하고 히죽댄다

머리털을 잘라내고
살과 피도 빼내더니
뼈만 남아 앙상하다

수많은 하얀 뼈를
가마솥에 끓인 후에
향수로 닦고 닦인 광택으로
어두움을 사윈다

하얀 뼈 속에서
영롱한 오색이 눈부셔라
높이 든 지고점
햇살에 부딪혀
천하를 밝힌다.

시를 쓰는 마음

하얀 종이 위에
고뇌의 새 한 마리
마음을 비운 채
어두운 둥지에서
비늘을 털어내고 있다

폴폴 나는 연습
수많은 시행착오
지난 삶의 갈등들
마음속의 먹물로
영혼을 그려가고 있다

반짝이는 부리로
심은 햇씨들
더러는 싹이 트고
더러는 쭉정이로
날아간다.

불모지에 걸린 고려 불화

망향의 세월
암흑 속에서도
푸른 하늘에 뜬 구름처럼
저렇게 평화로울 수 있을까

모진 눈물의 나날들
고려의 슬픔 안고
머언 타향 이국땅에서
해탈의 미소로 있는가

쪽빛 바탕에 삼원색이
저렇게 현란하고
저렇게 인자하며
저렇게 아름다울 수 있을까

빛나는 눈빛과 고요한 미소
풍요로운 살결은
우리의 체온이다.

절대 고독

부풀던 그때의 정열로
개척의 꿈을 안고
한껏 노력을 했건만
멀리 허공으로 흩어졌다

부서진 꿈 조각을 안고서
떠돌이 인생 되어
아쉬움만 남긴 채
바닷가에 소라 껍질로 변해 갔다

넘치던 그 기백
땅 속에 묻어놓고
허탈한 마음으로
오늘도 쓸쓸하게
살아가고 있으며

기다리는 마음으로
꿈이 다시 소생할 그날을
암흑의 절대 고독 속에서
고독을 캐면서
살아가는구나.

마지막 고엽

여름내
푸르름으로 일어서던
잎 잎들이 핏빛으로 내품다가
몇 차례 서리 내리고
칼바람 휘둘더니
고엽 한 잎
고개를 떨구었다

앙상한 가지들
한 잎 두 잎
가을 엽서로 띄우더니
가슴을 텅 비웠다

끝끝내 고엽 하나
질긴 심줄로 당기더니
기어코 가지마다
울음바다구나.

세월

세월은 바람처럼
산과 들녘을 스쳐서
뿔뿔이 사라져간다

세월은 물처럼
굽이굽이
무심하고 냉정하게
흘러가고 있다

세월은
돌아오지 못하는
열차처럼 영원으로
달리고만 있구나

잡을 수 없는 세월
너무 아쉬운 순간들
짧고 허무한 인생
할 일이 너무 많구나.

가을의 사색

오늘도 적막 속에
홀로 있는
고요한 밤
지나간 추억들이
스쳐가고 있다

바람에 흔들리는
뒤뜰의 감나무
한 잎 두 잎 떨어지는 낙엽이
쓸쓸한 소식으로 전해온다

창가의 귀뚜라미 소리는
사색의 강을 이루고
내 마음은 표류되어
출렁이는데

머얼리서 여울져오는
두견새 소리는
내 마음을 사르르
수심으로 가라앉히고 있다.

가을밤

가을비가 내리는
스산한 밤에
지난 추억들이 가로등
불빛에 어린다

바람처럼 스쳐가는 인생
칠흑 같은 세월들이
낙엽에 실려 떨어지고
일상의 시간들이
쏜살로 지나는데
세상 사람들은 허욕만
부리고 있구나

내 마음 초라하게
추적추적 내리는 비와
아스팔트 위에
뒹구는 낙엽들이
가을밤을 앓고 있다.

무지갯빛 흔적으로

해가 뜨고 지고
달이 뜨고 지고는
반복의 현상이며
자연의 섭리이고

옛날의 산천이나
오늘의 산천들이
다를 바 없건만
옛 사람은 없구나

어리석은 사람아
세월이 간다 말고
정말로 가는 것은
우리들 인생이니

순간 사는 우리는
어여쁜 바람 되어
무지갯빛 흔적으로
살다 가세.

7

봄의 축제

봄의 축제

긴
잠에서 깬 산짐승들의
졸린 눈에 하늘이 내려와
산을 밝힌다

여린 새싹들도
흙 밀치고 나와
사방을 살필 때

시샘하던
추위가 꼬리를 감추고
시베리아 동장군에게
등을 보이고 달아난다

새싹이
하늘을 이고 일어서고
꽃과 잎들 허공에 펄럭이며
산짐승과 산새들이
천하를 장악하여
봄의 축제가 열렸다.

봄바람

옷자락 물고 흔들다가
계곡으로 숨고

목덜미 어르다가
품속으로 숨는
보이지 않는 여시 꼬리

산기슭에 불타오르는
철쭉꽃과 진달래꽃
이 산 저 산 앞 다퉈
예쁘게 단장시키고

산새들 노래 속에
종달새도 높이 울고
잠을 깬 짐승들도
여시 꼬리에 홀려서
눈을 비빈다

빨래터에 아낙네들의
수다 떠는 치마 속으로
숨는 봄바람은 여시 꼬리다.

풀피리 소리

우리의 농촌은
지금 풀피리 소리가 나지 않는다

피리 소리 허공을 가르고
종달새 푸른 하늘 흔들던
옛날이 어디로 갔을까

풀잎에 잘린 소리
바람 타고 퍼지던 오묘한 가락
따스한 인정이 살아 있던
옛날이 어디로 갔을까

봄바람에 실려 오는
아름다운 풀피리 소리에
빨래하는 동네 처녀가
콧노래 절로 내던
옛날이 어디로 갔을까

이농 현상으로
고요한 무덤 같은 농촌은
지금 풀피리 소리가 나지 않는다.

찔레꽃

예쁜 아기 꽃이
가시덤불 사이에서
숫진 붉은 얼굴로
옹기종기 내밀고 있다

곱디고운 모습으로
바람에 흔들리며
벌 나비들을 불러들여
대낮의 햇살에
웃음판을 벌이고 있다

여리고 고운 얼굴
서로가 볼 비비며
행여나 다칠세라
가시로 막고 있구나.

백일홍

연초록 꽃봉오리
붉은 볼 보이다가
수줍은 예쁜 얼굴로
고개를 내민다

아름다운 얼굴들
정다운 미소 띠며
새로운 여린 형제들을
즐겁게 반겨 줄 때

시원한 바람 한 점
이마를 스쳐가고
서로가 정겨워
얼굴들을 비벼댄다

세월은 흘러
백 일이 되어가니
아쉬움만
가슴으로 태운다.

귤나무

한라산 언덕바지에서
귤나무가 여름내 푸른 바다만
보아쌓더니
푸른 알이 주렁주렁하다

태양은 어느새
귤 속으로 숨어서
자꾸만 배가 불러갔다

귤처럼 싱싱한 아낙네들의
손놀림도 바쁘기만 하더니
시름도 고난도
안으로 안으로 감추기만 하던
황금 알이 온 귤 밭에 눈부셔라

바닷바람이 불어오는
한라산 언덕바지에는
두둥실 만삭이 되어
배가 부르기만 하다.

향 내음

세상에는
향기 없는 꽃들이
너무 많구나
그들이 무리지어
피어 있는 곳

너무나 초라하고
쓸쓸하기에
그곳에 향수를
뿌려보았으면

세상에는
향기 없는 사람들이
너무 많구나
그들이 옹기종기
모여 사는 곳

너무나 각박하고
혼탁하기에
그 곳에 향 내음
피워 보았으면

가는 봄

호탕한 웃음소리
어디로 갔는지
봄의 꼬리만 보인다

수탉이 목청을 풀어
봄을 쫓고
참새들은 숲속에서
여름 맞이에 시끄러운데
들녘은 온통
자리바꿈을 한다

제비는 봄과 여름 사이를
하늘에 전깃줄로 걸어놓고

늙은
농부들은 일손이 바빠지는데
황소는 언덕바지 아지랑이 속에서
머언 산을 눈 안에 넣고
졸고 있다.

꽃샘추위

노여움을 풀어라
산에 진달래 피고

연못가에 물총새 우는
봄이 수런대는 길목에서
너 홀로
새침하구나

봄을
잉태해 놓고
싹 틔우는 두려운 산고를
너 홀로 남겨둔 채

나는 떠나야 하는데
내가 이렇게 떠난다고
그리 서러워 마라

갔다가
다시 올 것을

갔다가 다시 올 때
코스모스 사이 길로
국화꽃 향기 속을
사뿐사뿐 걸어오마

네가 시샘한다고
오는 봄이 멈추겠는가

가는
세월 보내 주고

오는
철을 반겨 주자.

8

꽃길 백 리

꽃길 백 리

- 전·군 도로

하나뿐인 생명
대신할 수 없는 인생
꽃 덮인 백 리 길을
나란히 걸어간다

꿈을 먹고 사는 청춘 남녀
꽃망울 지는 사랑으로
손잡고 걸어가고

이성을 먹고 사는 중년 남녀
꽃처럼 활짝 피어
꽃 속에서 걷는데

황혼의 늙은 부부
터벅터벅 힘없이
하얀 꽃잎 흩날리는
꽃길 사이를 쓸쓸히 걸어간다

아침부터 하루 종일
삶과 삶을 이어주는
꽃길 백 리가 황홀하구나.

아카시아꽃 피는 언덕

마을 앞 언덕에
아카시아꽃 활짝 필 때
꽃잎 따 먹으며
배 불리던 어린 시절

긴 장대 높이 들어
하늘 보며 꽃잎 따고
이리 뛰고 저리 뛰던
저 언덕이 정겹기만 하다

멀리서 혼자 서서
아카시아꽃 숲 바라보니
어린 그 시절이
아스라이 떠오르고

올해도
아카시아꽃 피는
언덕 주변에는
향수 어린 향기만
그윽이 흐르고 있구나.

선운사 동백꽃

이슬에 묻힌 간덩이
진녹색 쟁반에 받혀
아침 햇살에 떨고 있다

붉은 비린내로 모여든
숲속 참새 떼들은
잔치 마당을 벌이는데

햇살을 꺾은 핏빛은
종소리의 여음처럼
김을 토해 낸다

잠에서 깬 산 빛은
아직도 졸음인데
목탁 소리의 망울처럼

시나브로
동백꽃이 지고 있다.

오동도 동백꽃

섬 언덕 동백 처녀
수줍은 듯이 붉은 얼굴을
살며시 내밀고
임이 오기만을 기다린다

새 낭군 기다리는 눈짓으로
푸른 바다를 바라보며
마음 조여
얼굴을 붉힌다

비바람 몰아치는
거센 파도 바라보며
가슴 태워 기다리는
섬 처녀 동백꽃 무리들

기다리고 기다리다
지쳐서 스러지는 순정

무서리가 내리고
눈보라가 쳐도
정열의 입술을 감추지 못한다.

유채꽃 피는 제주도

바다 소리
귓전에 찰싹이고
일렁이는 유채꽃
내 마음에 누벼온다

노란
유채꽃 밭에
하루방의 미소처럼 넘실대는
아지랑이
가슴에 밀려와 황홀하다

쪽빛
바다 멀리
졸고 있는 어선들도
유채꽃에 묶인 채
넋을 잃고 있을 때

꽃향기에 취한
제주의 벌 나비들도
유채꽃 바람 따라
움직이고 있구나.

벚꽃

- 일본 고궁에서

봄바람에
일본 고궁 벚꽃이 활짝 피었다
고궁 뜨락에
꿀벌들의 나래 소리보다
흥분된 상춘객들 마음의 풍요가
해일을 이루었다

밤 벚꽃
놀이가 대낮보다 밝게
눈이 부시고
낮과 밤이 없이 꽃들은 다투어
웃고 있다

우리
울릉도에서 피던 벚꽃이
이웃 나라 일본 고궁에서
활짝 피었구나

살며시
생각해도
활짝 피었다 지는 꽃물결은
일본 사람들의 웃음 같구나.

하얀 목련

한적한 정원에
뽀얀 가슴 내비치고
숫지디숫진 입술로
햇살을 어르고 있다

우윳빛 분 내음
명주실처럼 가늘게
흐르고

터질 듯한 살결
포근한 촉감을 느끼자
내 가슴이 바르르 떨리고
너무나 눈부셔
보고 또 본다

은은하게 띄워 보내는
그리운
미소

나는
그만 멍하니
걸음을 멈추고 서 있다.

양귀비꽃

담장 밑에 심어진
양귀비꽃 몇 그루
더러는 빨강
더러는 하얀 모습으로
요염하게 웃고 있다

영롱한 미색
고결한 자태
여리고 새침한
물 찬 제비 같은데

그 웃음 속에도
그 미소 속에도
쾌락의 무서운
하얀 독소가
칼날로 숨어 있단 말인가

천하의 요부
요염한 눈매가
호탕한 왕자의 허리를
꺾어놓았단 말인가

할미꽃

옛 무덤가에
나면서 늙어버린
한 떨기 꽃
청초하게 웃는다

하얀 머리카락
할미 탈을 썼지만

아직도
붉은 속살은 곱구나

모두 다 잘난 세상
아래만 보며 사는 너
너무나 훌륭하여
정말로 부러운데

그 모습 오래오래 살면서
홍안백발로 슬픔을 감추고
활짝 웃어라.

9

함박눈

함박눈

우리 마을 고샅길에
함박눈이 쌓인다

낯익은 산천에도
울타리 밑과 마당에도
은백색으로 눈부시다

고요한 계곡에도
함박눈이 내리는데
숲속 들새가 울음을 잃고

흰 눈 덮인 숲속에는
노루와 산토끼가
초라한 눈빛으로
눈송이만 바라보는 시간
계곡의 추위 속에서
하루해가 저무는데
눈은 펑펑 내리고 있다.

산

풀뿌리
나무뿌리가
헤집고 파고들어도

묵묵히
참아주는 고마운 산

짐승들이
파헤치며 살아도
포근히 감싸주며
보호하더니

모두들 죽은 후에
썩고 흙이 되어
한 몸 한 마음으로
산이 되고 마는구나

나도 늙고 병들어
죽은 후에는
네 품안에 안기어
산이 되고 싶다.

옹달샘

숲속에서
솟아나는 외로움이
길손들에겐 환희로
피어난다

그리도
조잘대고 부지런하건만
누구도 함께함이 없는
고독이다

길손들이 수없이 생명을
축이고 가건만
고마움을 잊고 간다

혼자서 흘러 흘러
강으로 이루고
바다로 일어서는
어머니의 젖줄이다.

까치

까치 한 마리
적막을 깨고
꼬리를 추스르며
새벽을 쪼아댄다

뒤뜰 감나무 높은 곳에서
이 가지 저 가지로
옮겨 다니며

허공을 타고 허공을 흔드는
밝은 소리
아침 창문을 두드린다

둥글고
맑은 구슬 같은 목청에는
그리운 사람의 얼굴이
비쳐온다.

아기 다람쥐

깊은 산을 지키는
꼬마 산 주인
빠른 몸짓이 참 예쁘다

금갈색
찬란한 우아한 꼬리
선명한 줄무늬가
너무 예쁘구나

저렇게 어린 아기 다람쥐가
깊은 산속에서
겁도 없이 사는가

아기 다람쥐야
이 큰 산 모두가
너의 재산이니
네 마음껏 살아 보려마.

도봉산 등산 길

가파른 오솔길
바위를 감고 돌아
깊은 숲길로 바람처럼
올라간다

아카시아꽃 내음
허공에 흩날리고
산새들도 목청껏
즐거워 반기는데

산 중턱 약수를
마시는 맛은
세상을 다 주어도
바꿀 수 없다

정상을 바라보고
헐떡이며 오르는 마음
희열로 온 산을
뒤덮는구나.

감나무

늦은 봄바람이 불면
감꽃이 떨어져서
마음도 포근하고 흰 눈처럼 곱다

매미 울어대던
감나무 그늘에서
돗자리 깔고 누워
지나는 구름을 보기도 했는데

여름 하늘이 멀어지면
허공의 초록 잎들이
모두들 앞 다투어
하나씩 화장을 한다

풋감도 초록빛 얼굴에
햇살 발라쌓더니
얼굴이 어느 사이에
태양빛에 물들었다

서리가 하얗게 내린 아침
삭풍이 불어오니
검붉은 연시로 하나씩 떨어진다.

참죽나무

봄바람에 앙상한 가지마다
어린잎이 눈을 비빈다

뒷마당 한구석에
쓸쓸히 서 있는 참죽나무
해마다 가지를 꺾고 잎을 따지만
다시 잎 피우고 묵묵히 살아가는
네 모습이 훌륭하여
자꾸만 바라본다

자연의 순리 속에서
살아가는 생명의 힘과
불굴의 의지

나는 참죽나무에서
인생의 길을 배운다.

푸른 숲에 밀리는 꽃

산과 들에
거칠 것이 없던 꽃잎들은
한 잎 두 잎 시들며
푸른 숲에 밀린다

붉은 꽃 연분홍 꽃 하얀 꽃
노랑 꽃들
무참히 바람에 깔리고

아직 남은 꽃들은
먼 하늘 바라보며
넋을 잃고 서서
글썽인다

푸른 숲 함성으로 일어서면
꽃들은 슬픈 바람에 몰려
흙 속에 묻힌다.

10

금강

금강

은빛 모래밭에
발자국 새기면서
비단강에 입대고 목 축이던 그 시절

수정 같은 물속에
번쩍이는 은어 떼가
물보라를 만들고

아버지 잡은 고기
주워 담던 즐거움이
강물에 어리는데

그분 먼 길 가시고
나도 변신했으니
강물도 추억의 안자락을 뒤집는가

지난 세월 반 백 년
내 가슴에 슬픈 마음이었는데
흐르는 금강수도
지쳐서 슬피 운다.

※비단강 : 금강의 옛 이름

계룡산 계곡 물

무질서 속에서의 질서
타협 속에서의 원칙론자
순교자적 결백증이다

깊디깊은 계룡산의 혈관
산속의 산토끼 소쩍새
칡넝쿨과 잡초 한 포기까지
젖줄로 빨려주는 모정이다

뒤도 돌아보지 않고
어제도 오늘도 또 내일도
흘러만 갈 계룡산 계곡 물
우리들의 젖줄이다

낮이고 밤이고
흘러가는 계룡산 계곡 물
어머니의 품안처럼
살아서 포근히 흐르는구나.

선유도

명사 십 리
은모래 밟아가면
푸른 바다의 미역 내음이
솔솔 불어온다

망주봉 비탈길을
헐떡이며 올라가면
막혔던 가슴이
비릿하게 터지고

우뚝 솟은 선유봉 주변 허공에
갈매기 몇 마리가
물감으로 석양을 색칠한다

바닷가 횟집에
초라히 홀로 앉아서
한 잔 두 잔 기울이는데

노을이 술잔에 내려와
내 사색을 흔들고
수심 가득한 얼굴에 뜨겁게 물이 든다.

※선유도 : 고군산열도에서 가장 먼저 보이는 섬
※망주봉 : 선유도 한가운데 우뚝 솟은 두 개의 봉우리

채석강

영겁의 세월
첩첩이 쌓인 연륜 바위틈에 새겨져
바닷바람을 부른다

바다 속 무늬 결
지각의 갈등으로 허공에 튕겨 나와
사뭇 외로운데

바다가 그리워서
멀리 가지 못하고
주변에 머물면서
일어서는 바람을 달랜다

비가 오면
눈물로 안아 달래고
눈이 와도
가슴으로 싸안는 인고

때때로 머얼리서 달려드는
성난 파도를 품안에 안으면서
끝없는 세월을 달랜다.

※채석강 : 전라북도 부안군 해변에 있음

보문산

영겁을 한 순간으로 서 있는
보문산은 말이 없고
여기저기 쓰러진 나무들
둥치만 앙상하게 남았다

산 능선을 스쳐가는 구름은
이맛살을 찌푸리고
계곡의 물줄기도
오염으로 울어댄다

숲속의 산새 떼
햇씨를 까먹은 부리로
공해에 찌든 깃을 닦을 때
앞에 있는 저 산사의
저녁 종이 산을 울린다

석양의 붉은 태양
산등성을 넘어가고
산천은 고요 속에
스르르 잠이 든다.

한라산

이마엔 하얀 붕대를 감고
새봄을 앓는 신열의 땀을
흘리고 있다

포근한 정을 남겨둔 채
잔설이 녹아 흐르는 샛강
일부는 성산포로 가고

나무마다 새 옷으로 갈아입히고
유채꽃 활짝 웃게 하며
일부는 서귀포로 찾아간다

아침이면 동해 햇살에
하얀 옷을 벗다가도
밤이면 옷을 움츠리는 한라산

이따금 남풍이 쫓아와서
잔설의 붕대를 들추어보다가
머얼리 바다로 사라진다.

제주도의 늦가을

성산포 일출봉에
아침 해가 떠오르니
한라산 안개 속엔
먼동이 물감을 풀었다

황금 물결 제주도 바다에는
어선들로 수놓았고
바닷가 백사장에는
정겨운 사람들이 서성이고 있다

바람결에 서걱이는 억새풀들이
제주도의 가을을 장식하는데

한란 향기 은은하게
바람결에 묻어오는 산허리

홀로 걷는 내 마음을
스산한 과거의 추억 속으로
짭짭한 비린내에 섞이어
짓눌러오고 있다.

속초 아침 바다

어두움을 삼켜버린 태양
쪽빛 비단 폭으로
속초의 아침을 깔아놓는다

분주하게 밤의 잔영을
거두어가는 갈매기 떼
예쁘게 세수하며
끼륵끼륵 햇살을 털어내면

바다 속 고기 떼들이
물 위로 번뜩이고
밤 고기 잡은 배가
만선되어 돌아온다

삽시간에 속초항은
즐거움으로 넘치고
바쁜 손발은
은비늘처럼 생기가
팔딱인다.

흑산도 바닷가 외딴집

작은 외딴섬에 외딴집 한 채
바닷가 홀로 매인
조각배 떠 있고

느닷없이 갈매기 두세 마리
바닷바람에 끼룩거린다

파도는 고독에 몸부림을 치다가
그만 백사장 주변에
하얀 거품을 토해내고

마당가에 검둥이는
이리저리 병아리를 몰다가
장독대 주변에
채송화 밭을 난장판으로 만들었다

한여름 내 타는 흑산도 검은 바람은
외딴집 지붕을 넘고
모래밭을 잠재운다.

11

고향 길

고향 길

마을 앞 논밭 사이
가로지른 코스모스 길은
지금도 추억으로 살아나고

농우 팔아 학비 주시며
성공하라고 하시던
인자하신 할아버지의 무거운 음성이
메아리로 들려온다

하늘 같은 은혜
뼛속으로 느끼던 고향 길
뒤돌아보고 또 보아도
어이 가라고 손 저으셨다

마을 어귀 길가에
서 계시던 할아버지의 모습이
삼삼히 어리는데

상여 나간 슬픈 그때가
벌써 이십 년이 흘렀구나.

고향 생각

봄이면 산에 진달래가 불붙고
우리 남매들이 두 손 가득 꺾어다가
파란 병에 꽂았다

우리 집 마당엔 영산홍이
창문을 붉게 물들이다가
끝내는 방 안까지 물들였고

올해도 고향에서 피던
진달래 영산홍이
너무 보고 싶어서
그리던 옛집이 있는
고향으로 달려갔더니

산에 진달래와
뜰에 영산홍은
홀로 피어 눈부신데

잡초와 먼지 속에 잠이 든
내가 살던 집이
마음을 슬프게 하였다.

고향 냄새

하얀 눈 내리는 거리에서
군밤 장사 아낙네가
연탄불에 알밤을 추스르니
이것이
고향 내음이었던가

화롯불에 밤 굽고
할머니 옛 이야기에
눈망울만 반짝이던
그 시절이 생각난다

즐거웠던 그 때
바느질하시던
어머니의 손끝이
아련히 떠오른다

인파도 한적하고
인심도 사그라진
싸늘한 거리에서
군밤 장사 아낙네가
없다 해도
지금 고향 냄새가 날 것이다

옛 이야기 해 주시던

할머니도
할아버지와 아버지도
모두 떠나가셨건만

요즈음
나는 고향 냄새에 묻혀 산다.

텅 빈 고향

그리던 고향 산천
논밭 다니던 오솔길에
지금도 풀 내음은 그윽한데

집들은 텅텅 비어서
흙 내음으로 썰렁하고
거미줄만 바람에 흔들려
쓸쓸하고 썰렁하구나

내가 살던 안마을도
삼촌이 살던 건넛마을도
주인은 하나도 없고
찬바람만 스친다

어디를 보아도
텅 빈 고향 풍경
서걱이는 나뭇잎 소리만
눈시울을 뜨겁게 한다.

추억

동구 밖
서쪽 산마루에
붉은 해 걸려 있고
산새들 바삐 날며 오가는
고향이 있었지

마을 하늘에
저녁연기 피어오를 때
개구리 떼가 적막을 찢어댔다

냇물이 굽이돌아
넓은 들 스쳐가고
마을 앞 둑길을 따라서
숨차게 뛰어 다녔었지

어린 시절의 기억들이
아쉬움으로 남는데
해 저무는 하늘에는
붉은 노을이 곱기만 하다.

농촌 해질녘 풍경

늙은 해가 서쪽
소나무에 걸치고
산까치 딱새들이
핏빛 노을을 쪼아댄다

황소 앞세운 아버지의
꼴짐이 출렁이면
밭에서 돌아오던 이웃집 아이들이
햇살처럼 뒤따른다

오곡이 무르익어
황금물결로 출렁이고
논과 밭 사이 길로
어머니와 동생들이
손 내두르며 뛰어오고
앞서 온 강아지도
꼬리를 친다

돈사에서 돼지가 꿀꿀대고
잘 놀던 닭과 병아리가
뒤뚱뒤뚱 뛰어 온다

삽시간에
온 집안에 웃음꽃이

피어나고
집안 모두 어우러져
행복으로 소란하다.

간이역

경부선 철길 옆에는
고향의 간이역이
할머니 주머니처럼 붙어 있다

낯익은 사람 오가는
끈끈한 역이건만
모두가 무심하게 지나간다

이곳에는 조상들의 숨결이
담겨 있고
애환도 서려 있는데
급행열차는 스쳐만 가는구나

코스모스 글썽거리는
간이역아
손수건을 적시더라도
고향을 지켜다오.

피난 길 왕촌 계곡

산 너머 비탈길을
쑥개떡 둘러메고 아버님 뒤를 따라
산속을 지나갔다

번지르한 알밤도 줍고
도라지도 캐가며
송이버섯 따 담던
피난 길이 생각난다

거울 같은 왕촌 계곡에서
송사리와 다슬기도 잡고
자갈길 걸어가던
그때가 어제 같다

말바위 올라타고
왕촌 계곡물의 고기 떼를
멍하니 바라보니
옛 추억의 물소리로 되살아나는구나

※왕촌 : 충청남도 공주시 계룡면에 있는 백제 왕의 휴양지

백제의 넋

백제의 옛 서울
웅진성에 올라보니
모두가 폐허되어
성터만 남아 있고

비단강은 말없이 굽이돌아
곰나루를 스쳐간다

허물어진 사비성의 발치에
백마강은 흐르고
낙화암 벼랑에 떨어진
삼천 궁녀 꽃송이들은 간 데 없고

한 많은 의자왕의 넋이 서린
구두레가 새롭다

황산벌 나루터엔
계백 장군의 혼이 꿈틀대고
피로 물든 포구에
노을이 붉게 타오르니
원한 맺힌 백제의 넋이
핏빛으로 흘러간다.

※웅진성 : 공주산성의 옛 이름
※구두레 : 부여 백마강 나루의 옛 이름

해설

말과 말의 새로운 관계

- 채수황 시집 『저녁 바다』에 붙여 -

조 봉 제
(평론가)

무릇 시에 한정되지 않고 무엇인가를 쓴다는 것은 그 사람의 인간 형성에 크게 도움이 되는 것이다. 문학을 필요로 하는 사람이 생각하지 않으면 안 되는 것은 우리들의 머릿속이나 마음속에 생각하거나 느끼고 있는 것은 그대로의 상태로서는 확실한 것은 아니며, 그것을 언어로 정착시킴으로써 비로소 확실한 것이 된다는 것이다.

문득 느끼게 된 어떤 아름다움, 문득 떠오른 어떤 진실만으로는 정확하지 않으며, 그것을 말로 옮겨야 하는 것이다. 언어로 옮겨 씀으로써 자신이 생각하고 있던 것이나, 혹은 추리하고 있던 것의 실체를 확인할 수가 있는 것이다.

시에 있어서는 이 매체로서의 언어의 역할이 더욱 결정적인 것이다. 아름다운 풍경을 보았을 때, 그것은 마치 시와 같다고 해도 우리는 그것을 조금도 믿지 않을 것이다. 시는 언어와 같이 존재하는 것이며 언어에 대한 애정 없이는 시는 존재할 수가 없는 것이다.

또한 시는 창조라기보다는 인간이 사물을 보는 생각이나 느끼는 방식을 지속적으로 단련해 가기 위한 습관인 것이다. 그것은 실질적으로 우리들의 언어인 한국어를 단련시켜 오늘날의 우리들의 사상·감정을 표현하는데 적합한 확실한 언어로 만들어 나가는 것을 의미한다. 그것은 시대에 적합한 새로운 말을 만드는 것을 의미하는 것은 아니다. 단련한다는 것은 하나하나의 말을 바꾸는 것이 아니라, 말과 말 사이의 새로운 관계를 발견하는 것을 의미하는 것이다. 조금이라도 시를 가까이하고 있는 사람이라면 오늘날의 시인들이 광복 이전의 시인들과 비교해서 가지고 있는 어휘[vocabulary]는 매우 적다는 것을 알 수 있을 것이다. 그러나 그렇다고 해서 시는 조금도 빈약해지지 않고 있는 것이다. 그 이유는 오늘날의 시인은 언어의 수는 적지만 은유[Metapher] 등의 수법에 의하여 말과 말 사이에 옛 시인들의 머리에 떠오르지 않았던 여러 가지 새로운 관계를 발견하고 또한 창조하고 있기 때문이다. 그리고 거기에는 아직도 남겨진 무한한 가능성이 있는 것이다. 우리들이 평소 쓰고 있는 언어의 범위에서도 말과 말의 배합에 새로운 관계를 발견하는 것이며 그 관계를 발견하는 것은 말의 기술적인 탁마보다는 생활의 인식 방법에 달려있는 것을 명심할 필요가 있는 것이다.

예를 들어 다음과 같은 시를 보기로 한다.

어두움은
하루 내내 풀어놓은
남빛 수평선을
그물처럼 거두어간다

어두움은
그렇게도 팔딱이던
실성한 성깔을
쪽빛 이불로 덮치다가

끝내
성난 파도의 죽지를
우두둑 꺾어 머얼리 던진다

바다보다 넓기만 한 흑사장은
비릿한 비늘을 벗기며
저녁 바다를
파다닥파다닥
손 안에 쥐어 본다.

-「저녁 바다」 전문

평면적인 표현을 대담히 지양하고 기막힌 의인법이 등장하고 있다. 말하자면 '말과 말의 새로운 관계'를 대담한 의인법으로 시도하고 있는 것이다. 원래가 '의인법'이란 인간 이외의 것을 인간에 비유하여 인간의 사고, 행동, 생활을 그것에 대입시킴으로써 어떤 실감을 만들어 내는 것이다. 여기서는 '어두움'이 주체가 되고 있다. 표현의 방식이 다이내믹한 것을 느낄 수가 있다.

이 다이내믹한 느낌은 어디서 오는 것일까. 그것은 어두움을 주체로 한 대담한 의인법에 있는 것으로 생각된다.

살아 있는 생물처럼 「저녁 바다」가 우리 앞에 다가서는 것을 느낄 수 있다.

얼굴도 없이 쏜살로 달려드는
바람의 익살에
한여름의 허리가 꺾이는 것은
나뭇잎의 자지러짐을
보고서야 안다

때로는 다리도 없이
인도를 달리는 것은
우쭐대는 옷자락을 보고서야 안다

무엇보다도 너의 멋스러움은
내 옆에서 웃는
여인의 까만 머리카락을
눈부시게 하는
요술을 보고서야 안다

바람은 옷자락에 매달리는
사랑으로 왔다가
빈 마음으로 떠나는 멋쟁이다.

-「바람의 초상」 전문

이 작품에서는 '바람'이 주체가 되어 있는 것을 알 수 있다. 바람의 작위를 통하여 끝내 사랑으로 승화하는 바람의 모습을 '멋쟁이'로 끝맺고 있는 것이다.

바람을 해석하는 하나의 새로운 각도라 할 것이다. 이러한 방식이 앞에서 말한 말의 새로운 관계가 되는 것이다. 말하자면 의인법을 멋스럽게 적용한 하나의 예가 될 것이다.

표현의 세계에서의 새로운 발견이라 할 수 있다. 이러한 시도를 통하여 한 시인의 표현의 영역이 점차 넓어지는 것이다. 표현의 영역을 넓힌다는 것은 많은 어휘를 보유한다는 의미가 아닌 것이다. 이렇게 말의 새로운 관계를 발견하는 데서 그것은 가능한 것이다. 그것은 거의 무한대의 세계이며 현대를 숨 쉬는 가장 확실한 방법이기도 한 것이다.

평생토록
어두움을 불사른 너의 혼은
나의 기도로써 다시 소생한다

이웃을 밝히는 구도
머리 숙여 강물로 흐르다가

바람이 몰아쳐 와
무릎을 꿇는 날
너는 비로소 눈을 감으리라.

-「촛불」 전문

깔끔하게 가꾸어진 소품이다. 원래 이런 소품은 시인의 휴식의 순간으로 인식되기도 한다. 그러나 이 소품에는 인간의 구원의 구도자로서의 기도가 노래되어 있다. 자신의 정신의 갈등, 번뇌를 촛불에 기탁하여 가장 정서적으로 노래하고 있는 것을 알 수 있다. 철학의 한 단면이라 할 수도 있을 것이다. 시어가 극도로 절제되어 있는 것도 호감이 가는 작품이다. 이런 것으로 보아 이 시인은 상당한 영역에 도달한 시인으로 생각한다.

여기서 우리는 이른바 서정시라는 것을 한번 생각해 볼 필요가 있을 것이다. 종래의 서정시는 말하자면 우연한 대목에서 절규가 되고 노래가 되어 발산해 버리는 덧없는 영탄적인 감정 밖에는 담을 수 없는 것이 되고 말았다고 할 수 있다. 그런 의미에서 오늘날 우리들의 생활 감정이나 생명을 인식하는데 있어서는 종래 많은 시인들에 의하여 노래된 시의 표현 방식으로 매력을 느꼈던 서정시, 즉 말과 말의 낡은 관계는 그다지 쓸모가 없는 것이 되고 만 것이다.

그것을 극복하기 위해서는 시는 비평[critique]으로 감지할 수 있는 힘이 있다는 것을 인식할 필요가 있는 것이다.

시를 쓰는 동기[motive]는 우리들의 일상적인 사건이나 갖가지 생활 체험에서 오는 것이므로 그런 의미에서는 그것은 틀림없이 생활과 결부되어 있는 것이다. 그러나 시 자체는 생활 이상의 힘을 가지고 있는 것이다. 생활 이상의 힘이란 무엇인가. 그것은 생활을 비판하는 힘, 때에 따라서는 생활 자체를 변혁시킬 수 있는 힘이라 할 수 있을 것이다. 그리하여 그런 것을 통하여 정치·경제·사회·문화 등의 문제와 기초적으로 결부되어 있는 것이다. 상식적인 의미에서의 생활이란, 이제는 시를 낳게 하는 모태가 될 수가 없으며, 단순한 경험주의에서는 생활과 문학, 생활과 시와의 밀접한 관계를 포착할 수가 없는 것이다.

시의 언어는 아름답고 풍요로울수록 좋은 것이다. 그러나 현대의 예술은 종래의 아름다움[美]이라는 개념을 파괴해 버렸다. 아름답다고 할 수 없는 것이 예술에서는 추구되기도 하는 것이다. 아름다움이란 단지 말을 교묘히 끼워 맞추는 것으로는 만족할 수 없을 정도로 현대는 복잡화되어 있다. 외부의 현실을 의식하면서 자신의 내면의 정신이나 감정을 포착하려는 현대의 시인은 예술에 대해서 비평하는 태도를 가지지 않으면 안 된다. 단순히 타인의 작품을 비평하는 것을 초월하여 현실의 사회관계, 인간관계를 비판하는 태도를 가지지 않으면 안 되는 것이다. 시를 쓴다는 자체가 자신의 언어와 사상에 대한 비평인 동시에 인생이나 문명에 대한 비판이 아니어서는 안 되는 것이다. 오늘날 비평 정신은 현대의 시를 밀고 나가는 중요한 기초가 되어 있는 것이다.

시가 인생의 비평이 아니어서는 안 된다고 한 사람은 19세기의 영국의 비평가 아놀드였다. 20세기에 들어서의 예술 운동을 보면 미래파, 다다이즘, 쉬르리얼리즘, 이미지즘 등이 모두 문명 비평의 성격을 띠고 있는 것이다. 그것은 현대 예술이 손끝의 재주나 개인적인 감정의 표출만으로는 미흡하다는 사회적 사상적인 위치에 있는 것과 동시에 표현 방법의 혁신으로 그렇게 될 수 밖에 없었다는 것이다.

현대 예술은 종래의 표현 방법에 대한 혁명적인 새로운 바람이었을 뿐 아니라 사회적, 문학적 말하자면 문명적인 모든 권위, 인습, 데데함에 대한 반역 운동이었던 것이다. 하나의 예로 2차 대전 후의 일본의 '아레체'[荒地]파 시인들은 현대를 '황무지'로 보는 데서 문명 비평이라는 것을 시를 통하여 시도한 것이었다. 여기 특이한 시 한 편을 고르기로 한다.

시는 해골의 언어인가
하얀 뼈만 추려놓고
즐거워하고 히죽댄다

머리털을 잘라내고
살과 피도 빼내더니
뼈만 남아 앙상하다

수많은 하얀 뼈를
가마솥에 끓인 후에
향수로 닦고 닦인 광택으로
어두움을 사윈다

하얀 뼈 속에서
영롱한 오색이 눈부셔라
높이 든 지고점

햇살에 부딪혀 천하를 밝힌다.

-「시는 해골의 언어」 전문

여기서는 현대시의 두드러진 표현 양식의 하나인 추상의 세계가 전개되고 있는 것을 알 수 있다. 사물을 끝까지 추상해 가면 마지막으로 남겨지는 세계가 있다. 그것이 추상의 세계인데 사람을 끝까지 추상해가면 백골이 남는다. 백골이 사람의 추상된 세계라 할 수 있다. 그것은 가장 순수한 세계이기도 하다. 추상 작용은 본질을 파악하는 방법이다. 그러므로 여기서는 백골이 인간의 본질이라 할 수가 있는 것이다. 여기서는 최고로 추상된 시의 본질을 가리키고 있다. 이것은 큐비즘(입체파)의 조형 방법을 시에 적용한 것으로 생각된다. 현대의 시가 이미지를 강조하고 조형적·시각적인 면에 중점이 주어져 있는 것도 이처럼 회화의 조형 요소를 중시하는 것과 관련하여 발전되어 온 것으로 생각된다.

여기서는 인간의 추상된 마지막 모습으로서의 백골이 시의 마지막 모습인데, 그것이 어둠을 사위고 '햇살에 부딪혀 천하를 밝힌다'고 했으니, 인간의 본질이 천하를 밝히듯 마지막의 언어로 이뤄진 시도 탄탄하고 눈부시게 아름답다는 것이 아닐까. 그 의도를 정확히 알 수는 없으나 시의 본질에서 아름다움을 발견한 이 시의 시상은 참으로 특이하다 할 것이며 아름답지 않은 것에까지 아름다움의 영역을 넓힌 것으로 생각된다.

이 시인은 장래가 보이는 시인이다. 신인을 배출하는

방법이 약간은 느슨해진 틈을 타서 근래 수많은 잡초 같은 시인들이 문단에 쏟아지는 요즘 참으로 기초가 확실한 시인으로 생각된다.

많은 사람들이 젊어서 시에 흥미를 가지면서 나이가 들어감에 따라 시에서 멀어져가는 것은 무엇 때문일까. 여러 이유가 있겠으나 시는 누구나 쓸 수가 있으나, 그것을 지속적으로 쓸 수 있는 것은 아니라는데 있는 것이 아닐까.

이렇게 너무 가볍게 종종걸음으로 시를 지나가 버리는 가운데서 우리는 시의 본질과 함께 시가 우리의 생활에서 차지하는 의미가 점차 희박해지는 것이 아닐까 하는 것도 생각하게 된다.

시에 있어서 중요한 것은 앞에서도 말한 바와 같이 씌어진 것, 즉 시로서의 작품적인 가치보다는 시를 쓴다는 행위가 가지고 있는 의미가 아닌가 한다. 시집을 몇 권 냈다는 것보다 몇 십 년이든 마치 습관처럼 계속 써왔다는 것이 우리들의 생활을 그 바닥에서 지탱하여 행동의 지침이 되는 것이다. 그런 의미에서 시는 창조이기보다는 습관이라 할 수가 있는 것이다. 인간의 사고방식이나 느낌의 방식을 끊임없이 단련해 가기 위한 습관이 시라고 생각할 수가 있는 것이다.

시가 가령 창조라 하더라도 아마도 그것이 실현되는 장소는 이와 같은 사고방식이나 감정을 단련해 가는 습관이 쌓여서 이루어지는 것이 아닐까 한다.*

후기

"예술의 본질은 시이다"라고 말한 하이데거의 명언은 너무나도 감명을 주는 말이라고 생각한다. 건축도 예술 작업의 일환이기 때문이다.

나는 건축 설계를 하면서 한 번도 이러한 생각을 잊어본 적이 없다. 그러기 때문에 내가 작업하는 건축 설계는 시가 담겨 있다고 생각한다.

그동안 사업을 하면서도 내 나름대로 중단 없는 시 작업을 병행해 왔다. 시는 내 영원한 본연의 작업이요, 건축 설계는 생활을 위한 부업인 것이다.

이 본연의 시 작업인 내 꿈의 날개는 이제 눈부신 햇살에 반짝이면서 천애에 맞부딪칠 것을 꿈꾸어본다. 나는 이 기쁨을 안기까지 남 몰래 피나는 노력을 해왔다.

이 기쁨에서 끝나지 않고 문학사에 도움이 되는 결실을 맺을 것이며, 또한 그 밑받침이 되는 문학 풍토 조성에도 뜻을 가질 것이다.

먼저 독자 앞에 변변치 못한 시집을 내놓게 되어 부끄럽고 송구스러운 마음 금할 길 없으며, 일단 구고를 정리하고 새로운 새 출발로 나설 것을 꾀하는 뜻을 갖고자 한다.

앞으로 더욱 노력할 것을 다짐하면서 이만 줄인다.

1995년 1월

채 수 황

채수황 제1시집

저녁 바다

지은이 / 채수황
펴낸이 / 박영호
펴낸날 / 2018년 3월 21일(제4판, 초판: 1995.1.15.)
펴낸곳 / 도서출판 **다래헌**
대전광역시 동구 선화로 218-1(정동 39-26)
TEL(042)254-2599~8
FAX(042)254-2549
E-mail daraeheon@naver.com

ISBN 978-89-87122-80-9 03810

값10,000원